CLEVERES DELEGIEREN

Methoden zum zeitsparenden Delegieren

CLEVERES DELEGIEREN

Methoden zum zeitsparenden Delegieren

Verfasst von Véronique Bronckart

Übersetzt von Leonie Kremer

Für die Arbeitswelt 50MINUTEN.de

50MINUTEN.de

NEUER SCHWUNG
FÜR IHRE KARRIERE

Erfolg durch Leadership

Konstruktives Feedback

Die Macht der Körpersprache

Zielführendes Projektmanagement

www.50Minuten.de

CLEVERES DELEGIEREN

- **Ziel:** seinen Mitarbeitern effizient Aufgaben und Verantwortung delegieren
- **Anwendung:** Durch das Delegieren von Aufgaben an Mitarbeitern kann man bei einem Projekt Zeit sparen. Gleichzeitig werden dadurch im Team die Motivation gesteigert und Kompetenzen gefördert, sodass die Erfolgswahrscheinlichkeit des Projekts wächst.
- **Arbeitskontext:** Projektmanagement, Teammanagement etc.
- **FAQ:**
  - Sollte ich auch delegieren, wenn ich die Arbeit alleine schaffe?
  - Wann ist der richtige Moment zum Delegieren?
  - Gebe ich beim Delegieren ein Stück des Projekts auf?
  - Kann ich meinem Team alle Aufgaben anvertrauen?
  - Ist meine Arbeit dann getan, nachdem ich die Aufgabe delegiert habe?

- ◦ Welche Hilfsmittel können mir beim Delegieren helfen?
- ◦ Welche Risiken gibt es beim Delegieren?
- ◦ Wie kann ich sicherstellen, dass mein Mitarbeiter seine Aufgabe positiv aufnimmt?
- ◦ Kann eine delegierte Aufgabe im Laufe des Projekts zurückgezogen werden?
- ◦ Muss ich meine Delegation schriftlich festhalten?

EINLEITUNG

Für viele Menschen ist Delegieren gleichbedeutend mit Kontrollverlust. Egal aus welchem Grund – aus Angst andere zu stören, fehlendem Vertrauen oder einfach, um sicherzugehen, dass Aufgaben nach den eigenen Erwartungen und Anforderungen erfüllt werden – werden Projekte häufig alleine durchgeführt. Dabei läuft man aber Gefahr, von einem riesigen Arbeitspensum überwältigt zu werden und das Ziel nicht erreichen zu können. Im schlimmsten Fall kann das zu einem Burnout führen.

Um eine solche Situation zu vermeiden, beherrscht ein guter Projektmanager die Kunst des effizienten Delegierens. In Wirklichkeit besteht seine Rolle nicht darin, die Kontrolle über jede Kleinigkeit des Projekts zu haben, sondern das Große und Ganze zu organisieren und das Team anzuleiten. Wenn man anderen so viele Aufgaben wie möglich delegiert, verringert das Arbeitsüberlastung sowie Stress und ermöglicht es einem, sich auf die wichtigen Aufgaben zu konzentrieren. Zusätzlich bedeutet Delegieren einen Vertrauensbeweis für die Teammitglieder. Diese werden sich miteinbezogen und wertge-schätzt fühlen, was sie außerdem motiviert. Eine Win-win-Situation für alle Beteiligten!

Sie sollten Delegieren allerdings nicht auf die leichte Schulter nehmen, da dies dem Projekt schaden und Sie davon abhalten könnte, in Zukunft weitere Projekte anzugehen.

DELEGIEREN: DIE GRUNDLAGEN

WAS BEDEUTET DELEGIEREN?

Verantwortung übertragen

Das erste, was es zu vermeiden gilt, ist, Delegation mit Arbeitsteilung zu verwechseln, da es sich dabei um unterschiedliche Vorgehensweisen handelt. Delegieren bedeutet, die Verantwortung für eine oder mehrere Aufgaben (oder Ziele, da sich die Aufgaben davon ableiten) an eine oder mehrere Personen zu übertragen. Es bedeutet weder, dass das Projekt dadurch aus der Hand gegeben wird, sprich Kontroll- oder Machtverlust, noch dass man es dezentralisiert. Das Übertragen der Aufgaben ermöglicht es, ein optimales Ergebnis zu erhalten.

Hierbei ist der Begriff Verantwortung ausschlaggebend. Wenn man einem Mitarbeiter einen Auftrag anvertraut, muss ihm so viel Freiraum gegeben werden, dass er mit seiner eigenen Herangehensweise zum festgelegten Ziel kommen kann. Wenn ihm diese Freiheit nicht eingeräumt wird, handelt es sich nicht um Delegation, sondern um eine Anweisung an einen Untergeordneten. Auch wenn Ihr Mitarbeiter für das Erreichen des Ziels zuständig ist, bleiben Sie dennoch der Hauptverantwortliche für das Projekt, ebenso wie für die Entscheidungen des Mitarbeiters, an den Sie den Auftrag delegiert haben. Aus diesem Grund müssen Sie der ausgewählten Person blind vertrauen und den Projektfortschritt überprüfen können, damit die Ziele erreicht werden.

ZUSATZINFORMATION: TEMPORÄRE ODER PERMANENTE DELEGATION?

- Die häufigste Form der Delegation ist temporär. Mitarbeiter vertreten ihre Vorgesetzten oftmals in deren Abwesenheit oder wenn sie gebraucht werden, weil sie nützliche Kompetenzen haben. In diesem Fall sind die Begriffe Entscheidungsmacht und Autorität getrennt voneinander zu betrachten: Der Mitarbeiter trifft Entscheidungen wäh-

rend der Zeit der Delegation, wird aber nie die Verantwortung für die Konsequenzen tragen.
- Permanente Delegation besteht darin, der entsprechenden Person die Entscheidungsmacht für bestimmte Situationen langfristig einzuräumen. Hier sind Entscheidungsmacht und Autorität miteinander verbunden; der Mitarbeiter trägt die Verantwortung für sein Handeln. Es wird empfohlen, für solche Fälle einen Zusatzvertrag aufzusetzen.

Führungsstile

Wie etwas delegiert wird, hängt auch stark vom individuellen Führungsstil ab. Dabei unterscheidet man die folgenden vier Arten:

- **autoritär**: Dieser Führungsstil ist sehr strukturiert, das heißt Anweisungen sowie Vorschriften sind sehr präzise. Der Mitarbeiter besitzt keine tatsächliche Entscheidungsmacht, was sich negativ auf seine Motivation auswirken kann. Bei diesem Führungsstil werden Aufgaben nicht delegiert, sondern vielmehr aufgetragen.

- **erklärend**: Das Ziel ist, dass die Mitarbeiter Initiative ergreifen. Die Anweisungen sind präzise und es wird erklärt, warum welche Entscheidungen getroffen werden. Der Mitarbeiter ist hier kaum selbstständig, was den Projektfortschritt verlangsamen kann.
- **partizipativ**: Dieser Stil basiert auf zwischenmenschlichen Beziehungen. Obwohl er in der Umsetzung unstrukturiert ist, beweist sich dieser Stil als recht effizient. Entscheidungen werden in Absprache mit den Mitarbeitern getroffen, wodurch diese motiviert und ermutigt werden, sich in das Projekt einzubringen.
- **„delegierend"**: Dieser Führungsstil, der auf dem Vertrauen des Managers in sein Team beruht, stützt sich auf Verantwortungsübertragung, Autonomie, Initiative und Entscheidungsmacht. Die Teammitglieder fühlen sich somit wertgeschätzt und involviert.

Jeder Führungsstil hat Vor- und Nachteile. Ein guter Teamchef macht sich dadurch aus, dass er je nach Situation und Person den angemessenen Stil wählt. Natürlich ist der „delegierende" Führungsstil die beste Voraussetzung für die Delegation von Aufgaben vom Vorgesetzten an sein Team.

Die Theorie der Arbeitsteilung

Viele Manager halten nicht viel von Delegation und finden zahlreiche Ausreden wie „Das ist zu viel Verantwortung für die Mitarbeiter", „Die Aufgabe wird nicht richtig erledigt", „Das Erklären nimmt zu viel Zeit in Anspruch". Dabei vergessen sie, dass schon Adam Smith (britischer Aufklärer und Wirtschaftswissenschaftler, 1723-1790) in seiner Theorie zur Arbeitsteilung Delegieren vorgesehen hat. Diese Theorie besagt, dass es effizienter ist, wenn sich eine Person auf eine konkrete Aufgabe konzentriert, als wenn sie an mehreren unterschiedlichen Aufgaben gleichzeitig arbeitet. Aus diesem Grund sollten komplexe Aufgaben in kleine Teilaufgaben unterteilt werden, die dann jeweils von Spezialisten ausgeführt werden. Demnach steigert Delegation die Produktivität. Es wäre doch schade, wenn man das nicht ausnutzt!

Was sind die Vorteile von Delegation?

Projektleiter sind nicht Superman: Sie können nicht alles gleichzeitig erledigen, da es ansonsten schnell passieren kann, dass sie sich nicht auf die wichtigen Aufgaben konzentrieren und Fehler machen. Delegieren zu können, ist also eine wichtige Kompetenz, um sein Zeitmanagement zu optimieren und Arbeitsüberlastung zu vermeiden. Wenn Manager ihren Mitarbeitern Aufträge anvertrauen, können sie sich selbst den Aufgaben widmen, die ihrer Position entsprechen. Dafür muss man aber akzeptieren, dass zu Beginn Zeit für Erklärungen investiert werden muss. Diese Management-Strategie wird häufig als Burnout-Prävention empfohlen.

Delegation eignet sich in erster Linie im Teammanagement, um die Leistungsfähigkeit des Teams zu steigern, die Kompetenzen und Erfahrungen aller Teammitglieder voll auszuschöpfen und sie zu mobilisieren und zu motivieren. Mitarbeitern eine Aufgabe anzuvertrauen und ihnen bewusst zu machen, welche Verantwortung sie in Bezug auf das Erreichen des Ziels tragen, ist sehr gut für ihr Selbstwertgefühl. Indem sie sich ihrer Rolle bewusst werden, merken sie, dass sie wertvoll für das Unternehmen sind und sich automatisch noch mehr in das Projekt einbringen. Wenn Sie einige Aufgaben an kompetente

Personen delegieren, können Sie auf eine gute Arbeitsqualität zählen ebenso wie Ihre Teammitglieder ihre Fähigkeiten ausbauen können. Das ultimative Ziel vom Delegieren ist der gemeinsame Erfolg.

ZUSATZINFORMATION: HINDERNISSE

Beim Delegieren können verschiedene Hindernisse auftreten:

- fehlendes Vertrauen in sich oder seine Mitarbeiter
- unzureichende Zeit zur Definition der zu delegierenden Ziele und zur Auswahl der geeigneten Personen
- fehlende Kompetenzen im Team
- unzureichendes Wissen über Delegieren
- Angst vor Machtverlust
- Befürchtung, im Team Neid hervorzurufen

Diese Hindernisse führen zu einem Teufelskreis, der einzig durch das Erlernen von effizientem Delegieren durchbrochen werden kann.

VORBEREITUNG DER DELEGATION

Da Sie einige Vorbereitungszeit benötigen, ist es essentiell, nicht so lange mit dem Delegieren der Aufgaben zu warten, bis Sie überlastet sind. Wie bei jeder wichtigen Entscheidung sollten Sie sich die folgenden Fragen stellen: Was? Wer? Wie? Warum?

Definition der Aufgaben

Bevor Sie sich blindlings ins Delegieren stürzen, sollten Sie damit beginnen, die Aufgaben auszuwählen, die Sie in Abhängigkeit von Ihrer Arbeitsbelastung und Ihren Kompetenzen alleine erledigen können. Als nächstes analysieren Sie die verbleibenden Aufgaben und teilen sie in folgende Kategorien ein:

- Aufgaben, die leicht von einer anderen Person erledigt werden können (alltägliche Aufgaben ohne großen Einfluss auf das Projekt)
- Aufgaben, die eine spezifische Kompetenz erfordern
- Aufgaben, die von Externen übernommen werden können

Achten Sie darauf, nicht nur schwierige Aufgaben zu delegieren: Übertragen Sie auch ein paar Aufgaben, bei denen Ihre Mitarbeiter schnell ein Erfolgserlebnis haben, sonst könnten sie schnell die Motivation verlieren. Was Sie nicht delegieren sollten, sind die Aufgaben, die in den (Kompetenz-) Bereich des Managers fallen, wie Konfliktlösung, Überprüfung der Arbeitsmoral etc.

Die Wahl des richtigen Mitarbeiters

Im nächsten Schritt wählen Sie die Person, an die Sie etwas delegieren werden. Es ist dabei wichtig, dass diese geeignet ist, den Auftrag effizient zu erfüllen. So wäre es beispielsweise unproduktiv, einen Anfänger im IT-Bereich mit der Erstellung einer Firmenwebseite zu beauftragen, auch wenn Sie denken, dass er dadurch an Erfahrung gewinnen wird.

Für das Delegieren müssen Sie Kompetenzen, Potenzial, aktuelle Arbeitsbelastung, Motivation und etwas über die berufliche Laufbahn der Mitarbeiter wissen, damit das gesamte Team von der Delegation profitiert und jeder sein Bestes gibt. Dieses Vorgehen schließt so das ganze Team mit ein: Es geht nicht nur darum, Zeit zu gewinnen, sondern sich auch in seine Kollegen hineinzuversetzen, um ihnen bei der persönlichen Weiterentwicklung zu helfen und sie zum Erfolg zu führen.

Beginnen Sie mit der Liste der Aufgaben, die Sie delegieren wollen, und analysieren Sie die Profile Ihrer Mitarbeiter. Dabei hilft Ihnen eine Kompetenzmatrix, denn diese gibt ihnen einen Überblick über die Hard und Soft Skills der Mitarbeiter, wodurch Sie für jede Aufgabe das passende Profil finden können.

Kompetenzmatrix

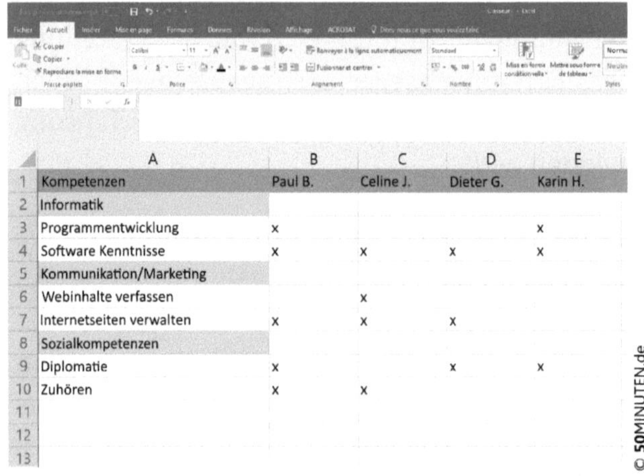

	A	B	C	D	E
1	Kompetenzen	Paul B.	Celine J.	Dieter G.	Karin H.
2	Informatik				
3	Programmentwicklung	x			x
4	Software Kenntnisse	x	x	x	x
5	Kommunikation/Marketing				
6	Webinhalte verfassen		x		
7	Internetseiten verwalten	x	x	x	
8	Sozialkompetenzen				
9	Diplomatie	x		x	x
10	Zuhören	x	x		
11					
12					
13					

© 50MINUTEN.de

Geht es beispielsweise um das Marketing für eine neue Werbekampagne, sollten Sie sicherstellen, dass die ausgewählte Person sowohl Kommunikations- als auch Marketingkompetenzen besitzt, sowie über eine Liste von nützlichen Kontakten in Werbeagenturen verfügt. Wenn die Kompetenzen stimmen, müssen Sie noch herausfinden, ob die Person genügend Zeit hat, um an Ihrem Projekt zu arbeiten.

Ziele setzen

Bevor Sie die ausgewählte Person informieren, sollten Sie den Auftrag und die Ziele klar definieren. Dafür kann Ihnen die SMART Methode nach George T. Doran helfen:

- **S (specific) = spezifisch**: Um was geht es bei dem Auftrag genau?
- **M (measurable) = messbar**: Wie kann ich die Ergebnisse messen? Wie erkenne ich, ob das Ziel erreicht wurde?
- **A (ambition) = zuweisbar**: Warum ist es wichtig, diese Aufgabe und das Ziel zu erfüllen? Hier definieren, was die Motivation antreibt!
- **R (realistic) = realistisch**: Ist der Auftrag realisierbar? Welche Mittel werde ich mei-

nem Mitarbeiter zur Verfügung stellen, damit er seine Aufgabe erfüllen kann (Budget, Weiterbildung, Material etc.)?

- **T (time-bound) = terminiert**: In welcher Frist muss das Ziel erreicht werden? Berücksichtigen Sie dafür die aktuelle Arbeitsbelastung des Mitarbeiters.

Einige Experten fügen noch den Buchstaben E (environment) für Umfeld hinzu, denn das Projekt sollte weder Ihnen noch dem Unternehmen schaden.

Die fünf SMART-Kriterien

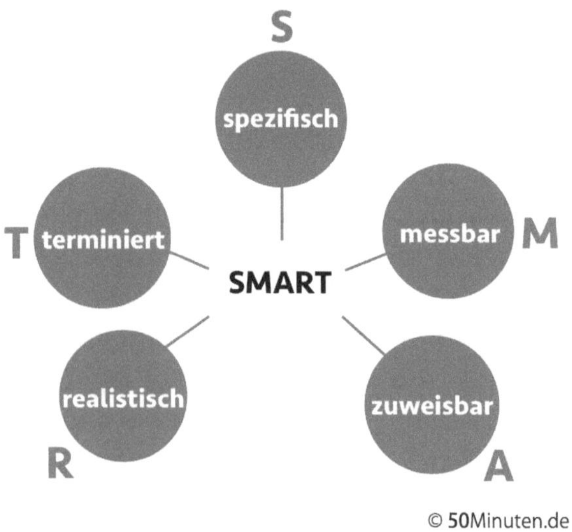

© 50Minuten.de

Beispiel

Um die Methode zu veranschaulichen, wird im Folgenden das Beispiel eines Altenheims betrachtet, dessen Leiterin mit den 50 Bewohnern ins Elsass auf den Weihnachtsmarkt fahren möchte. Für jeden Bewohner kalkuliert sie 500 € für Transport und Unterkunft, jedoch weiß sie noch nicht, wie sie den gesamten Ausflug finanzieren wird und auch nicht, wo sie die Bewohner unterbringen kann. Außerdem hat sie keine Zeit für die weitere Planung. Aus diesem Grund delegiert sie bestimmte Aufgaben an ihre Mitarbeiter, damit diese eine Unterkunft finden, wo die Bewohner die nötige Versorgung erhalten. Aufgaben, die mit dem Budget zu tun haben, vertraut sie ihrem Buchhalter an, der am besten für diese Aufgabe geeignet ist, und die Verantwortung für Transport und Unterkunft erhält die Assistenz der Geschäftsführung. Für die Organisation der zu delegierenden Aufgaben erstellt sie zunächst eine Mindmap:

Mindmap des Projekts

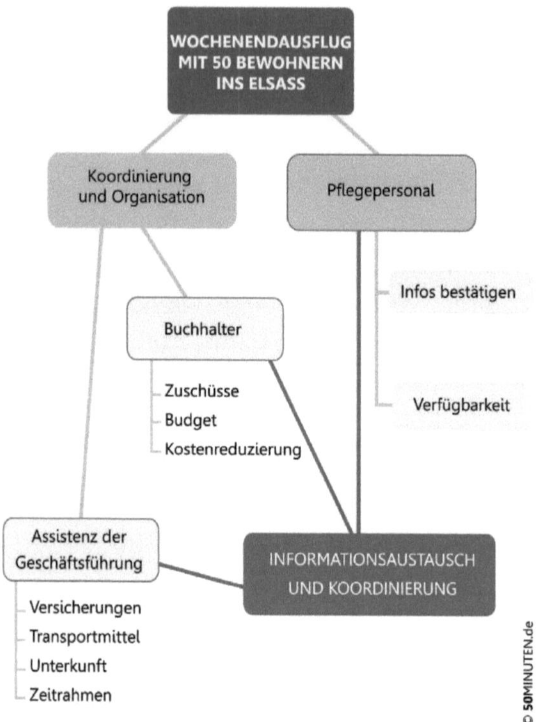

Die Leiterin des Altenheims nutzt auch ein Bewertungsraster wie das folgende, wodurch sie einen besseren Überblick erhält.

Bewertungsraster des Projekts

	Projekt	Aufgabe 1	Aufgabe 2	Aufgabe 3	Aufgabe 4
Beschreibung und Ziel	Organisation eines Wochenendes im Elsass, um mit den 50 Bewohnern des Altenheims auf den Weihnachtsmarkt zu gehen	eine Finanzierungsmöglichkeit finden, um die Kosten zu reduzieren	Transportmittel und eine adäquate Unterkunft mit optimalen Bedingungen finden	ein Transportmittel und eine Unterkunft in der Weihnachtszeit finden, die dem Budget entsprechen	Rücksprache mit den Versicherungen halten und dank der Informationen der Pflegekräfte sicherstellen, dass Transportmittel und Unterkunft für die Bewohner geeignet sind
Frist	Dezember dieses Jahr	vor der Reservierung und spätestens Ende August	August-September	September	September
Budget	55€/ Bewohner oder insgesamt 25.000€	maximal 12.000 €	maximal 25.000 € (für Transport, Unterkunft und die Versicherungen)		

© 50MINUTEN.de

Bewertungsraster des Projekts (Fortsetzung)

	Projekt	Aufgabe 1	Aufgabe 2	Aufgabe 3	Aufgabe 4
Kompetenzen	• Organisation • Finanzen und Versicherung • Betreuung • evtl. Pflege	• Erstellung und Verwaltung des Budgets • Kenntnisse über Kofinanzierung	• Kenntnisse über die Bedürfnisse der Bewohner bezüglich Mobilität und Pflege • Fähigkeit zur Teamarbeit • Betreuung der Bewohner	• Budget analysieren und respektieren • Unterkunft/ Transport organisieren • Verhandlungsgeschick bei den Tarifen	• Kenntnisse über Versicherungen • Koordinierung
Potenzielle Mitarbeiter	• Assistenz der Geschäftsleitung • Buchhalter • Pflegekräfte • Ergotherapeut	• Buchhalter	• verantwortliche Pflegekräfte • Ergotherapeut	• Assistenz der Geschäftsführung	• Assistenz der Geschäftsführung

© 50MINUTEN.de

AUFGABEN AN DEN MITARBEITER DELEGIEREN

Die betroffene Person informieren

Wenn Sie erst einmal wissen, wem Sie etwas anvertrauen, sollten Sie im Rahmen einer Besprechung diese Person informieren und ihr die

Details der Delegation erklären. Das ist auch ein geeigneter Zeitpunkt, um einen Rahmen abzustecken und zu motivieren. Damit das Gespräch erfolgreich ist und als guter Startpunkt für die künftige Zusammenarbeit dient, sollten Sie die folgenden Punkte beachten:

- Erklären Sie dem Mitarbeiter alle Details über das Projekt, wie die zu erreichenden Ziele, die zur Verfügung stehenden finanziellen, materiellen und personalen Ressourcen, gesetzte Fristen und mögliche Hindernisse. Sprechen Sie offen über ihre Erwartungen in Bezug auf das Ergebnis. Zum Beispiel: „Ich möchte, dass Sie in unserem Altenheim eine neue Aktivität für unsere Bewohner organisieren."
- Sie sollten der Person auch sagen, wie autonom sie bei der Arbeit ist und an wen sie sich wenden kann, wenn eine Situation über ihren Verantwortungsbereich hinausgeht. Als generelle Regel gilt, dass der Handlungsspielraum immer von der hierarchischen Position und den Kompetenzen des Mitarbeiters abhängt. Manager tendieren dazu, einem Dienstleiter mehr Verantwortung zu übertragen als einer Hilfskraft. Wenn sich das Team aus gleichge-

stellten Mitarbeitern zusammensetzt, wird die Person ausgewählt, in die der Manager das meiste Vertrauen hat. Zum Beispiel: „Sie können Bestellungen bis zu einem Wert von 2000 € tätigen. Alles, was darüber hinausgeht, muss vorher mit mir abgesprochen werden.". Man unterscheidet zwischen sechs Graden von Autonomie.

Die sechs Grade von Autonomie/Autonomie Pyramide

vollständige Autonomie

der Mitarbeiter informiert den Vorgesetzten nur bei Auswertungsmeetings

starke Autonomie
der Mitarbeiter handelt selbstständig und informiert den Vorgesetzten regelmäßig

gute Autonomie
der Mitarbeiter führt die Aufgaben aus und informiert den Vorgesetzten unverzüglich

durchschnittliche Autonomie
der Mitarbeiter macht Vorschläge zum Erreichen des Ziels

schwache Autonomie
Der Mitarbeiter erfragt, was er machen soll

keine Autonomie
der Mitarbeiter wartet darauf, dass der Vorgesetzte ihm sagt, was er machen soll

© 50MINUTEN.de

ZUSATZINFORMATION: AUTONOMIE UND VERANTWORTUNG

Wenn Personen über wenig Autonomie oder Entscheidungsgewalt verfügen, aber große Verantwortung tragen müssen, können Spannungen entstehen, was dem Arbeitsklima im Unternehmen schaden wird. Achten Sie deshalb darauf, dass bei jeder delegierten Aufgabe das Level an Autonomie mit dem der Verantwortung zusammenpasst. Machen Sie einen Mitarbeiter nicht für eine Entscheidung verantwortlich, die Sie getroffen haben.

- Erklären Sie, warum Sie diese Person und keine andere ausgewählt haben, indem Sie auf ihre Kompetenzen eingehen. Zum Beispiel: „Du hast in diesem Gebiet jahrelange Erfahrung und zusätzlich besitzt du ein gutes Organisationstalent".
- Verdeutlichen Sie die Wichtigkeit des gesamten Projekts, denn dies wird der Person erklären, warum sie gebeten wurde, eine bestimmte Aufgabe zu erledigen, und sie außerdem motivieren. Im bereits genannten Beispiel könnte dies folgendermaßen aussehen: „Ich möchte

Sie bitten, diese neue Aktivität für unsere Bewohner zu organisieren, weil diese sich das wünschen und wir uns damit von anderen Einrichtungen abheben können". Ein anderes Beispiel: „Diese Marktlücke zu schließen wäre sehr vorteilhaft für das Image unserer Marke und die Umsätze."

- Zum Schluss sollten Sie die Person nach ihrer Meinung fragen und über die Punkte sprechen, die ihr eventuell problematisch erscheinen.

TIPP FÜR MANAGER

Vergessen Sie nicht, das gesamte Team über die Delegation zu informieren. Erwähnen Sie erneut die Ziele und einzuhaltenden Fristen und beziehen Sie die anderen Teammitglieder mit ein, indem Sie ihnen zeigen, dass sie ebenfalls einen Beitrag zum Erfolg des Projekts leisten.

Nachverfolgen und begleiten

Die Nachverfolgung ist ein wichtiger Bestandteil des Delegationsprozesses. Sie sollten sicherstellen, dass der Mitarbeiter über die nötigen

Informationen verfügt, er motiviert ist und alle Mittel hat, um die gesetzten Ziele zu erreichen. Ihre Rolle besteht darin, ihm beim Erfüllen des Auftrags zu helfen, den Sie ihm anvertraut haben. Dies sind Tipps für eine nachhaltige Nachverfolgung:

- Setzen Sie Fristen und planen Sie Auswertungen während des Projekts, um gegebenenfalls neue Rahmenbedingungen zu schaffen oder um das Vorgehen nochmal neu auszurichten.
- Haben Sie ein offenes Ohr für Ihren Mitarbeiter und zeigen Sie sich entgegenkommend. Es bringt nichts, ihn für einen kleinen Fehler zu kritisieren. Im Gegenteil: Sie sollten ihn während des gesamten Projekts motivieren.
- Stellen Sie ihm Weiterbildungen und Hilfsmittel zur Verfügung, die ihm bei seinem Auftrag helfen.

BEAUFSICHTIGUNG, KEINE ÜBERWACHUNG

In dieser Phase geht es um das Begleiten, nicht das Überwachen. Wenn Ihr Mitarbeiter den Eindruck hat, dass Sie jeden seiner Schritte kontrollieren, wird er denken, dass

Sie ihm nicht vertrauen. Dadurch wird er sich nutzlos fühlen und seine Motivation und Leistungsfähigkeit wird darunter leiden. Sie haben ihn ausgewählt, weil er es verdient, also zeigen Sie ihm das, in dem Sie ihm Freiheiten zugestehen.

Reflektion

Die Reflektion dient dazu, eine Bilanz aus der Delegation zu ziehen. Gratulieren Sie Ihrem Mitarbeiter, wenn er das Ziel erreicht hat, und im Falle eines Scheiterns sollten Sie analysieren, warum er gescheitert ist und was er hätte anders machen können. Kommunikation ist zu diesem Zeitpunkt essentiell, also sollten Sie aufmerksam zuhören. Vielleicht gab es Hindernisse, die er nicht vorhergesehen hatte oder vielleicht war der Druck zu hoch. Erkundigen Sie sich danach, wie sich die Person während der Arbeit und danach gefühlt hat. Würde sie es nochmal machen? Wenn ja, können Sie bereits über zukünftige Projekte sprechen, die Sie ihr delegieren möchten.

TOP TIPPS

- Delegieren Sie Ihrem Mitarbeiter nicht nur undankbare Aufgaben, sondern vertrauen Sie ihm Arbeit an, die ihn motiviert. Das Gleiche gilt für Sie selbst: Anstatt sich ausschließlich mit eintönigen Aufgaben zu beschäftigen, sollten Sie ein gutes Gleichgewicht finden. Delegieren Sie außerdem die Aufgaben, für die Sie nicht die nötigen Kompetenzen haben, die Sie ausbremsen oder die Sie von anderen Aufgaben abhalten. Versuchen Sie also nicht, ein Computerprogramm zu entwickeln, wenn Sie ein IT-Genie im Team haben, das dafür kaum Zeit benötigen würde.
- Geben Sie Ihrem Mitarbeiter nicht zu viel Verantwortung auf einmal, da ihn das stressen und verunsichern könnte. Gehen Sie stattdessen Schritt für Schritt vor: Geben Sie ihm erst eine recht einfache Aufgabe und dann, mit steigendem Selbstbewusstsein, mehr Verantwortung. Wenn sich der Mitarbeiter schon bewiesen hat und einige Erfahrungen machen konnte, delegieren Sie ihm ein oder

mehrere Aufträge, die er vielleicht sogar selbst weiterdelegieren kann. Versichern Sie sich aber, dass er damit einverstanden ist.

- Delegieren Sie Aufgaben an vertrauensvolle Kollegen, die über die notwendigen Kompetenzen verfügen und eine professionelle Arbeitsweise haben. Wenn Sie einer Person nicht vertrauen, verlieren Sie wahrscheinlich Zeit dabei, sie zu überwachen und mögliche Fehler zu beheben, was kontraproduktiv und schädlich sowohl für das Projekt als auch ihre Beziehung ist.
- Geben Sie Ihrem Mitarbeiter die Freiheit, seine Arbeitsweise und -mittel selbst zu bestimmen. Das ist ein Vertrauensbeweis, der die Person motivieren wird.
- Seien Sie verfügbar. Die Person, an die Sie etwas delegieren, muss Sie jederzeit kontaktieren und mit ihnen über jegliche Zweifel bezüglich des Projekts sprechen können. Wenn Sie nicht erreichbar sind, wird das das Projekt nur verlangsamen.
- Versichern Sie sich über den Fortschritt des Projekts und geben Sie konstruktives Feedback zu den erreichten Zielen oder verbesserungswürdigen Bereichen. Ändern Sie dabei nicht

Ihre Anforderungen bzw. Erwartungen. Dafür können Sie ein Berichtsheft führen, in dem Sie die Rolle jedes Beteiligten definieren, die Aufgabenverteilung festhalten und den Fortschritt dokumentieren. Auch Auswertungssitzungen werden empfohlen, solange sie nicht zu häufig stattfinden.

- Wenn etwas nicht wie besprochen abläuft, sprechen Sie mit Ihrem Mitarbeiter unter vier Augen. Es bringt nichts, ihn vor dem ganzen Team zu kritisieren, da es ihn frustrieren und demotivieren könnte und er vor seinen Kollegen seine Glaubwürdigkeit verlieren würde.
- Vermeiden Sie Mikromanaging. Wenn Sie ungerechtfertigt viel überwachen, entheben Sie dem Mitarbeiter seiner Verantwortung und Sie demotivieren ihn. Das heißt allerdings nicht, dass Sie blindlings delegieren können und Risiken für das Unternehmen eingehen sollten. Behalten Sie den Überblick, was Ihr Mitarbeiter macht.
- Vermeiden Sie aus der Not heraus oder zu kurzfristig zu delegieren. Eine effiziente Delegation benötigt ausreichende Vorbereitung. Warten Sie mit dem Delegieren nicht, bis Sie über-

laden sind, denn Ihre Mitarbeiter werden sich von Ihnen ausgenutzt fühlen und sich nicht wie gewünscht einbringen. Nehmen Sie sich Zeit, um den Auftrag zu analysieren, die verschiedenen Tätigkeiten zu definieren, geeignete Mitarbeiter auszusuchen und entscheidende Informationen über das Projekt zu kommunizieren.

* Vergessen Sie nicht, sich zu bedanken, zu beglückwünschen und dem Mitarbeiter Anerkennung zu zollen. Denn er trägt einen erheblichen Teil zum Erfolg des Projekts bei.

FAQ

SOLLTE ICH AUCH DELEGIEREN, WENN ICH DIE ARBEIT ALLEINE SCHAFFE?

Es bringt nichts, um jeden Preis zu delegieren. Allerdings handelt es sich um ein hilfreiches Vorgehen, wenn Ihre Arbeitsbelastung hoch ist, Sie kurze Fristen einhalten müssen oder wenn eine Person besser für eine bestimmte Aufgabe geeignet ist. Eine Teilaufgabe eines Projekts zu delegieren, ist eine effiziente Vorgehensweise, um dieses erfolgreich abzuschließen. Durch Delegation können Sie Ihre Zeit besser nutzen und sich somit anderen Aktivitäten widmen. Zusätzlich machen Sie Ihren Mitarbeitern ihre Verantwortung bewusst und motivieren sie, indem sie sich im Unternehmen einbringen.

WANN IST DER RICHTIGE MOMENT ZUM DELEGIEREN?

Warten Sie nicht, bis Sie überlastet sind oder merken, dass Sie ein Ziel (durch Zeitmangel oder fehlende Kompetenzen) nicht erreichen können.

Sobald Sie ein neues Projekt haben, sollten Sie die benötigten Kompetenzen und alle Aufgaben analysieren, die es dafür braucht. Legen Sie fest, welche Sie selbst erledigen werden und vertrauen Sie Ihren Kollegen die anderen an. Außerdem sollten Sie ruhigere Phasen dazu nutzen, die Übertragung von Verantwortung zu organisieren.

GEBE ICH BEIM DELEGIEREN EIN STÜCK DES PROJEKTS AUF?

Im Gegenteil zu dem, was viele denken, bedeutet das Abgeben von Arbeit nicht, dass man das Projekt aufgibt. Es handelt sich nämlich eher um eine Methode, Arbeitszeiten besser zu organisieren, indem man Aufträge und Verantwortung aufteilt. Dieses Vorgehen verringert Stress, motiviert und zeigt dem Team Ihre Wertschätzung. Delegieren ist das Gegenteil von Aufgeben; es ist eine Art der Arbeitsorganisation, um ein Projekt erfolgreich anzugehen. Vergessen Sie die Klischees und legen Sie los!

KANN ICH MEINEM TEAM ALLE AUFGABEN ANVERTRAUEN?

Man kann in allen Bereichen delegieren: Verwaltung, Vertrieb, Finanzen, Marketing, Technik etc. Dabei sollten Sie nur wissen, was Sie anderen übertragen wollen. Wählen Sie den richtigen Mitarbeiter für die Aufgabe aus, in Abhängigkeit seiner Verfügbarkeit, Kompetenzen und auch der einhergehenden Verantwortung. Nichtsdestotrotz bleiben Sie für die Aufgaben verantwortlich, die zu Ihrer Position als Manager gehören. Nutzen Sie das Delegieren nicht dazu aus, sich vor Aufgaben zu drücken, die Ihnen lästig sind.

IST MEINE ARBEIT DANN GETAN, NACHDEM ICH DIE AUFGABE DELEGIERT HABE?

Kontrolle ist bei jeder Delegation wichtig, aber nur im richtigen Maß. Es wäre sehr kontraproduktiv, Ihre Mitarbeiter täglich zu überwachen. Daher empfehlen sich Auswertungsmeetings, die allerdings nicht zu häufig stattfinden sollten, da sonst wertvolle Zeit für das Projekt verloren gehen würde. Sie sollten mit konstruktivem Feedback einhergehen, damit Ihr Mitarbeiter weiß, dass er auf dem richtigen Weg ist. Anders als bei der reinen Kontrolle begleiten Sie Ihren Mitarbeiter bis zum erfolgreichen Abschluss des Auftrags.

WELCHE HILFSMITTEL KÖNNEN MIR BEIM DELEGIEREN HELFEN?

Es gibt keine speziellen Hilfsmittel zum Delegieren. Mindmaps oder Tabellen, in denen die Aufgaben aufgeteilt werden, können aber nützlich sein. Bleiben Sie positiv und verfügbar, kommunizieren Sie alles Nötige, stellen Sie benötigte Ressourcen zur Verfügung, glauben Sie an Ihre Mitarbeiter und ermutigen Sie – mehr brauchen Sie für erfolgreiche Delegation nicht.

WELCHE RISIKEN GIBT ES BEIM DELEGIEREN?

Obwohl Delegation häufig empfohlen wird, um die Arbeitsbelastung zu verringern, den Projektfortschritt zu beschleunigen und das Personal wertzuschätzen, bestehen einige Risiken:

- Die Hierarchie könnte durcheinandergebracht werden, indem Entscheidungen der Mitarbeiter über die der Vorgesetzten gestellt werden oder widersprüchliche Informationen verbreitet werden.
- Eifersucht oder Groll innerhalb des Teams
- Machtausnutzung von der Person, die Aufgaben delegiert (es werden nur lästige Aufgaben delegiert), oder auch von der Person, an die eine Aufgabe delegiert wird
- Frustration der Person, der eine Aufgabe delegiert wurde, weil sie nicht ausreichend begleitet wird oder die Ziele nicht klar definiert sind

WIE KANN ICH SICHERSTELLEN, DASS MEIN MITARBEITER SEINE AUFGABE POSITIV AUFNIMMT?

Damit der ausgewählte Mitarbeiter die Aufgabe, die Sie ihm anvertrauen, akzeptiert, sollte er nicht den Eindruck bekommen, dass Sie nur eine lästige Arbeit loswerden wollen. Erklären Sie ihm, warum Sie ihn ausgesucht haben (aufgrund welcher Kompetenzen), zeigen Sie ihm die Bedeutung des Auftrags auf und gestehen Sie ihm eine gewisse Autonomie bei der Durchführung zu. Indem er in das Projekt involviert ist, ihm vertraut wird, ihm seine Verantwortung bewusst gemacht wird und er etwas Entscheidungsfreiheit hat, wird sich der Mitarbeiter wertgeschätzt fühlen und sich ganz in das Projekt einbringen.

KANN EINE DELEGIERTE AUFGABE IM LAUFE DES PROJEKTS ZURÜCKGEZOGEN WERDEN?

Delegation für unbestimmte Zeit kann jederzeit zurückgezogen werden. Wenn eine Person ihre Macht ausnutzt, können Sie sie ihr wieder wegnehmen. Delegation hat mit Handeln und Entscheidungen zu tun; das bedeutet, dass die Delegation nicht automatisch endet, wenn der Vorgesetzte, der einige seiner Aufgaben und Verantwortungen delegiert hat, seinen Posten verlässt.

MUSS ICH MEINE DELEGATION SCHRIFTLICH FESTHALTEN?

Im Falle einer Verantwortungsübertragung wird sehr empfohlen, diese Delegation schriftlich festzuhalten: Dabei sollten das Datum ab dem die Verantwortungsübergabe gilt, die Dauer, die Art der Macht und eventuelle Übereinkünfte zwischen dem Beauftragten und dem Delegierendem definiert werden.

In anderen Fällen, wie bei der temporären Delegation von Aufgaben, ist es nicht nötig, ein offizielles Dokument aufzusetzen. Nichtsdestotrotz ist jeder schriftliche Beweis im Rechtsfall nützlich.

JETZT SIND SIE GEFRAGT!

DELEGATION ORGANISIEREN

Sie verfügen jetzt über die erforderlichen Kenntnisse, um erfolgreich zu delegieren und Ihr ganzes Team davon profitieren zu lassen. Um sich den Anfang zu erleichtern, sollten Sie eine Tabelle oder Mindmap benutzen. So finden Sie heraus, was und an wen Sie etwas delegieren wollen.

Projekt-Tabelle

	Projekt	Aufgabe 1	Aufgabe 2	Aufgabe 3
Beschreibung und Ziel				
Frist				
Budget				
erforderliche Kompetenzen				
potenzieller Mitarbeiter				

© 50MINUTEN.de

Mindmap eines Projekts

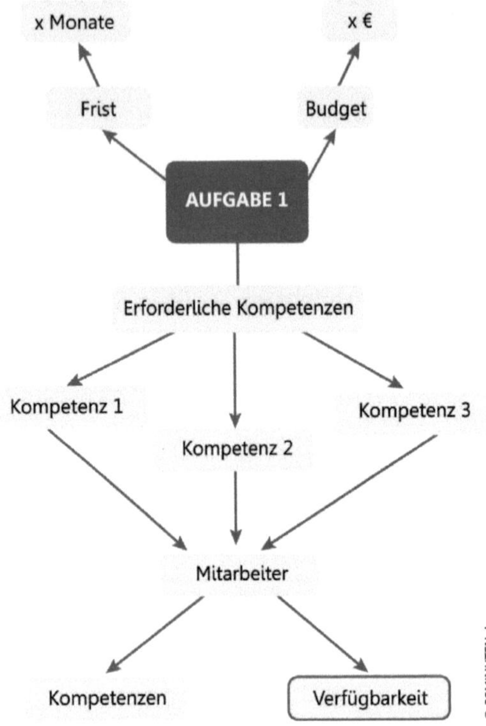

Ihre Meinung ist uns wichtig!
Hinterlassen Sie doch einen Kommentar auf der
Seite unserer Online-Buchhandlung
und teilen Sie Ihre Favoriten in den sozialen
Netzwerken!

DARÜBER HINAUS

LITERATURVERZEICHNIS

- Condis, Stéphanie: „Comment déléguer en
  5 questions clé" (03.02.2011). In: *L'Express*.
  https://lentreprise.lexpress.fr/rh-management/
  management/comment-deleguer-en-5-questions-
  cles_1525738.html (30.01.2019).

- „La délégation de pouvoirs dans les sociétés"
  (Januar 2010). In: *Segeco*.
  http://www.segeco.fr/delegation-de-pouvoirs-so-
  cietes/ (30.01.2019).

WEITERFÜHRENDE LITERATUR

- Blum, Claudia: „Zeit für Führung: Delegieren Sie
  doch mal – und wenn, dann richtig!" (04.07.2017).
  In: *Management Circle*.
  https://www.management-circle.de/blog/
  mehr-zeit-fuer-ihre-fuehrungsarbeit-delegie-
  ren-sie-doch-einfach-mal/ (30.01.2019).

- von Elverfeldt, Felicitas: „Wie lerne ich, besser
  zu delegieren?" (01.08.2004). In: *Frankfurter
  Allgemeine*.
  https://www.faz.net/aktuell/beruf-chance/zur-
  sache-wie-lerne-ich-besser-zu-delegieren-1178631.
  html (30.01.2019).

- Nöcker, Ralf: „Kernkompetenz Verzetteln"
  (11.07.2006). In: *Frankfurter Allgemeine.*
  https://www.faz.net/aktuell/beruf-chance/mik-
  ro-manager-kernkompetenz-verzetteln-1353544.
  html (30.01.2019).

MEHR AUF 50MINUTEN.DE

- Bronckart, Véronique: *Konstruktives Feedback.*
  Tipps zum Geben und Empfangen von konstruktiver
  Kritik. Aus dem Französischen von Leonie Kremer.
  Plurilingua Publishing: Brüssel 2019.

- de Witte, Bertrand: *Erfolg durch Leadership.*
  Tipps zum Motivieren und Inspirieren Ihres Teams.
  Aus dem Französischen von Mareike Lobeck.
  Plurilingua Publishing: Brüssel 2019.

- Zinque, Nicolas: *Zielführendes Projektmanagement.*
  Methoden zum erfolgreichen Durchführen von
  Projekten. Aus dem Französischen von Leonie
  Kremer. Plurilingua Publishing: Brüssel 2019.

50MINUTEN.de
Geschichte
Business
Für die Arbeitswelt
Non-Fiction kompakt
Gesundheit & Wellness
Kunst und Literatur
DAS PARETO-PRINZIP
Die 80/20-Regel
Gesamtaufwand
Ergebnisse
20%
80%
80%
20%
Wichtig
Unwichtig
DAS CANVAS-BUSINESSMODELL
DIE SWOT-ANALYSE
SCHMÖKERN
SIE SICH SCHLAU!
www.50Minuten.de

Die präsentierten Inhalte werden vom Herausgeber überprüft, dennoch übernimmt dieser keine Haftung für die inhaltliche Richtigkeit, Vollständigkeit und Aktualität der vorgestellten Inhalte.

© 50Minuten.de, 2019. Alle Rechte vorbehalten.

www.50Minuten.de

ISBN digitale Ausgabe: 9782808014021

ISBN gedruckte Ausgabe: 9782808014038

Pflichtexemplar: D/2018/12603/460

Cover: © Plurilingua

Digitale Aufbereitung: Primento, der digitale Partner der Herausgeber